Solicite nosso catálogo completo, com mais de 350 títulos, onde você encontra as melhores opções do bom livro espírita: literatura infantojuvenil, contos, obras biográficas e de autoajuda, mensagens espirituais, romances palpitantes, estudos doutrinários, obras básicas de Allan Kardec, e mais os esclarecedores cursos e estudos para aplicação no centro espírita – iniciação, mediunidade, reuniões mediúnicas, oratória, desobsessão, fluidos e passes.

E caso não encontre os nossos livros na livraria de sua preferência, solicite o endereço de nosso distribuidor mais próximo de você.

Edição e distribuição

EDITORA EME
Caixa Postal 1820 – CEP 13360-000 – Capivari – SP
Telefones: (19) 3491-7000 | 3491-5449
Vivo (19) 99983-2575 ✆ | Claro (19) 99317-2800
vendas@editoraeme.com.br – www.editoraeme.com.br

Das lágrimas aos sorrisos

LÚCIA COMINATTO

mensagens da **Irmã Maria do Rosário** (espírito)

CAPIVARI-SP • 2018

© 2018 Lúcia Cominatto

Os direitos autorais desta obra foram cedidos pela autora para a Editora EME, o que propicia a venda dos livros com preços mais acessíveis e a manutenção de campanhas com preços especiais a Clubes do Livro de todo o Brasil.

A Editora EME mantém o Centro Espírita "Mensagem de Esperança" e patrocina, junto com outras empresas, instituições de atendimento social de Capivari-SP.

1ª edição – junho/2018 – 3.000 exemplares

CAPA | André Stenico
PROJETO GRÁFICO E DIAGRAMAÇÃO | vbenatti
REVISÃO | Editora EME

Ficha catalográfica

Rosário, Irmã Maria do, (Espírito)
    Das lágrimas aos sorrisos / pelo espírito Irmã Maria do Rosário; [psicografado por] Lúcia Cominatto – 1ª ed. jun. 2018 – Capivari, SP: Editora EME.
    152 p.

    ISBN 978-85-9544-065-4

1. Espiritismo. 2. Mediunidade. Psicografia.
3. Mensagens mediúnicas. 4. Textos motivacionais.
I. Título.

CDD 133.9

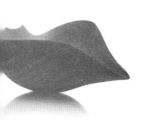

Sumário

Apresentação 9
A escada da vida..13
A melodia da natureza 15
A mensagem do Natal 17
A verdadeira felicidade 21
Abnegação..25
Alegria... alegria! 29
Ama... espera... e abençoa!..31
As luzes do amanhã..33

Busquemos Jesus 35
Carregar a cruz 39
Confia sempre 43
Deveres 45
E a vida passa... 47
É vivendo que se aprende 51
Entre a tristeza e a alegria 53
Esforço próprio 55
Finados 57
Liberta-te... 61
Livra-te da amargura 63
Mudanças constantes 65
Na hora da dor 69
Na luta pela vida 71
Não percas a esperança 73
Não percas a fé 77
Nossas recordações 79
Nunca deixes de amar 83
O jugo de Jesus 85
Observa a ti mesmo 89
Ouve o que te digo 93
Pelo caminho da luz 95
Perante as ofensas 99
Por caminhos íngremes 101
Quando a alegria voltar 103

Quando a nuvem passar 107
Quando a vida nos cobra 111
Quando falta misericórdia 115
Resignação 117
Ressurreição 119
Retribuição 123
Se a felicidade chegar 125
Se a tristeza vier 127
Ser feliz é uma escolha 131
Somos todos iguais 135
Sonhos acalentados 137
Tempo de alegria 141
Vence a ti mesmo 143
Vigilância sempre 145
Viver em paz 147
Viver por amor 149

CLÍNICA SÃO CAMILO

TRATAMENTO ESPECIALIZADO EM DEPENDÊNCIA DE ÁLCOOL E DROGAS

O Resgate da cidadania, responsabilidade social e do amor próprio embasado numa metodologia de tratamento específico para cada indívíduo sob a luz de princípios e valores morais e espirituais.

FALE COM UM ESPECIALISTA

Daniel Coimbra
19 98360-7939 - Vivo
19 98395-9162 - Claro

Dante Volante
19 99945-8029 - Vivo
19 98263-6658 - Tim

Estrada Capivari/Mombuca, Bairro Pagotto, Chácara 07
CAPIVARI/SP

Apresentação

DIANTE DAS INFORMAÇÕES terríveis que nos têm chegado, outras têm surgido incentivando-nos a uma mudança de comportamentos e sentimentos, a fim de que saibamos aproveitar este final dos tempos para a nossa melhoria interior, e merecermos estar, um dia, nesse mundo de regeneração, tão apregoado pelo pensamento espírita.

Se analisarmos profundamente essas informações, saberemos separar "o joio do trigo", isto é, aquelas que nos induzem a um crescimento interior, daquelas que nos levem a retribuir o mal com o mal.

Realmente, a Terra está passando por um período de transformação. Se observarmos melhor, perceberemos que todas as convulsões sociais ou mesmo físicas que têm acontecido, a guerra entre povos irmãos, a violência imperando por toda parte, resultam de um planejamento superior que, do mal, espera retirar o bem.

São tempos apocalípticos que o planeta está vivendo. Portanto, necessário se faz que aqueles que procuram cultivar um pouco de fé, sem importar a religião que abracem, não deixem de orar e vibrar luz e amor pelo próprio país onde trabalham e vivem, dando a sua contribuição, por pequenina que seja, para que esse tempo caótico que tem originado tanta revolta e tanto sofrimento possa, em breve tempo, se modificar.

Se observarmos essa nova geração que está chegando, vamos perceber que são espíritos evoluídos que aqui estão reencarnando para darem a sua contribuição nessa transformação do planeta, para um mundo melhor.

Que as nossas preces possam trazer paz aos corações aflitos e confiança plena na grandiosidade e sabedoria de Deus, que não dá sofrimento maior que aquele que nós mesmos fizemos por merecer.

Com o intuito de auxiliar nesse processo evolutivo, é que lhes envio estas mensagens, a fim de que, um dia, possamos caminhar por esse mundo melhor, em que as nossas lágrimas cedam lugar aos sorrisos e o amor haverá de se sobrepor à dor.

Com votos de luz e paz interior, da irmã em Cristo,

Maria do Rosário.

A escada da vida

Vede prudentemente como andais.
Paulo (Efésios, 5:15)

NÃO DESPREZES AS tuas lutas de hoje, achando que não valerá a pena lutar, porque não te satisfazem plenamente, pois sonhas alto demais. É o orgulho que te leva a sentir-te assim.

Anda com os pés no chão. Procura enxergar que para alcançar aquilo com que tanto sonhas, ainda não estás preparado e exige um esforço muito grande de renovação interior, além da tua capacidade intelectual.

Antes, lembra-te de te esforçar e de adquirir, além de conhecimentos, alguma experiência sobre o que desejas obter. Sem um aprendizado eficiente, sem te capacitares para tanto, não valerá a pena insistir, pois serás tão somente um fracassado que gosta de viver de sonhos.

Um prédio em construção principia dos alicerces e tu queres começar de cima e isso te proporcionará uma queda monumental.

Um pássaro de asas quebradas não consegue voar. Como querer, então, alçar voo se não construíste com firmeza, as asas do amor e da sabedoria de que necessitas?

Ninguém sobe uma escada de cima para baixo. Pode até tentar, mas não consegue subir. Portanto, aos poucos, a partir do primeiro degrau, inicia a tua subida, esforçando-te a cada dia, até chegar ao final. Mesmo assim, se te sentires cansado ou desanimado, poderás até estacionar, mas acabarás por compreender que ainda muito te falta para atingir tua meta. Terás de voltar e começar tudo de novo, pois essa, não é uma escada comum; é a escada da vida que te levará à evolução espiritual.

A melodia da natureza

Considera, pois, a bondade de Deus para contigo.
Paulo (Romanos, 11:22)

A BRISA QUE sopra suavemente, trazendo frescor num dia ensolarado, o som melodioso do farfalhar das folhas de uma árvore ao sabor do vento, o rufar das asas de um pássaro que passa voando, o murmúrio das águas de um riacho que corta a superfície da terra, tudo isso são sons suaves, que constituem a melodia da natureza.

O alvoroço da criançada ao sair das escolas, o grito dos vendedores ambulantes a anunciar seus produtos, as buzinas dos veículos que transitam pelas ruas e as conversas animadas dos transeuntes que por elas passam, ao contrário, trazem barulhos quase ensurdecedores.

Se desejamos viver em paz ao surgir do Sol no início de um novo dia, o silêncio da natureza muito nos satisfaz.

Isolando-nos do burburinho das cidades e procurando um recanto mais tranquilo para meditar, mesmo na própria casa onde vivemos, se elevarmos o pensamento numa prece que nos ligue ao Criador, estaremos nos integrando à melodia silenciosa da natureza.

Silenciando a nossa mente das preocupações diárias e confiando mais na proteção divina, tenhamos a certeza de que nos sentiremos renovados por dentro, para reiniciarmos as nossas atividades diárias sem tanta angústia, sem tantas preocupações desgastantes.

Com o silêncio na acústica da alma, sentimo-nos como se estivéssemos ouvindo a voz dos anjos a dizer-nos amorosamente:

– Coragem, coragem! Confia e espera, porque Deus te ama!

A mensagem do Natal

*E deu à luz o seu filho primogênito,
e o enfaixou e reclinou numa manjedoura.*
(Lucas, 2:7)

AS PALAVRAS NATAL e **Natalidade** são relativas a nascimento. Mas, para os cristãos, Natal tem um significado mais profundo: a comemoração do nascimento de Jesus. Uma data religiosa e festiva em agradecimento por tudo o que ele nos proporcionou através da sua mensagem consoladora. Mensagem de amor, que tem se perpetuado por muitos séculos e que transformou a humanidade.

Os homens, no entanto, a despeito do sublime significado dessa data têm, em grande parte, deturpado o que seria uma oportunidade de demonstrações de amor, de fraternidade e de união, transformando essa data em uma comemoração com abusos de toda espécie e, às vezes, até terminando em brigas.

É preciso repensar em como comemorar um verdadeiro Natal, sem nos esquecermos de prestar a nossa homenagem a Jesus. Olhemos para dentro de nós mesmos e verifiquemos como têm sido os nossos atos em função da caridade, como temos agido em relação ao nosso próximo e o que temos feito para amenizar o sofrimento alheio, não apenas nesse dia, mas durante o ano inteiro.

Natal deve ser uma confirmação do amor que Jesus legou a toda humanidade, quando disse: "ama o teu próximo como a ti mesmo". Essa é a grande mensagem trazida por Jesus. Não transformemos as luzes do Natal, em sombras acumuladas na alma pelo egoísmo, pela raiva, pelo orgulho ou desprezo aos que estejam em condições inferiores às nossas.

Se Jesus nasceu numa simples manjedoura, foi para testemunhar a humildade. Por que, então, nos julgarmos superiores àqueles que passam por tantas dificuldades? Ou aos que não tiveram a mesma oportunidade que tivemos de adquirir um pouco mais de cultura?

Pensemos nisso e transformemos o nosso Natal deste ano ou de outros que ainda virão, em comemorações verdadeiramente cristãs e que nos engrandeçam perante Jesus, através de atos de amor e caridade, repartindo o que nos é dado possuir, com aqueles que nada têm e estendendo amor e paz, aos que vivem em dolorosas e difíceis provações.

E, assim, imbuídos dos melhores sentimentos, que possamos trazer a mensagem do Natal para as nossas vidas e que possamos ter um lindo e Feliz Natal, com as bênçãos do aniversariante: JESUS!

A verdadeira felicidade

*Não te deixes vencer do mal,
mas vence o mal com o bem.*
Paulo (Romanos, 12:21)

CAMINHAS PELA VIDA esforçando-te a cada instante, procurando vencer as imperfeições que ainda carregas na alma, desde remotas encarnações.

Muitas lutas enfrentaste, muitas dores sofreste, contudo, não percebias que tudo que atravessaste resultavam dessas imperfeições.

Hoje, que já adquiriste alguns conhecimentos sobre a finalidade da vida, já consegues entender que tudo por que passaste, foram lições para que conseguisses evoluir, libertando-te dos sentimentos impuros que carregavas na alma.

Assim, quando os problemas surgirem à tua frente, não deixes de orar, elevando o teu pensamento ao Criador da vida, a fim de poderes encontrar as soluções que buscas, sem magoar a ninguém.

Quando a tristeza fizer morada em teu coração, transformando tua face em ritos de dor, pensa no divino mestre Jesus, a fim de poderes serenar o teu coração e retornar à alegria que perdeste.

A vida é um constante aprendizado. Nascendo e renascendo neste mundo material, um dia terás tua alma purificada, liberta das mazelas que carregaste por muitas e muitas encarnações.

Esforça-te por ser uma pessoa melhor, que sabe enxergar na dor do próximo o caminho a seguir para, um dia, te sentires reconfortado pelo bem que conseguires estender. Só assim, vencendo a ti mesmo e adquirindo algumas virtudes de que ainda careces, conseguirás olhar para o alto, compreendendo que para alcançar a felicidade, não é tão simples como tens imaginado.

Vive sim, mas vive entendendo que a direção

certa a seguir, é muito mais extensa do que pensas, pois a verdadeira felicidade só encontrarás, quando te dispuseres a caminhar no rumo das alturas celestiais. E, para isso é preciso que te esforces para adquirir as asas do amor e da sabedoria, que te permitirão alçar o voo de libertação que te conduzirá, um dia, aos braços de Jesus.

Abnegação

...o que quiser salvar a sua alma, a perderá;
e quem perder a sua alma por causa de mim, salva-la-á.
(Lucas, 9:24)

ABNEGAR É RENUNCIAR ao comodismo e aos próprios interesses, para agir em favor de alguém ou de alguma causa.

Quando a dor alheia te sensibilizar, esquece um pouco das próprias dores e necessidades, e estende as tuas mãos para auxiliar.

Quando a necessidade do próximo ultrapassar o limite do que seja justo, procura agir com abnegação, tirando de ti mesmo ou do teu tempo, para que o outro possa sentir-se amparado.

Quando as dificuldades de um irmão o impedem de agir com desenvoltura, sê abnegado e procura auxiliar como puderes, mas de modo que ele não venha a sentir-se humilhado.

Se ontem foste tu que fracassaste, agindo de forma errada naquilo a que te propuseste realizar, lembra-te de que alguém estendeu as mãos em teu socorro e, hoje, procura fazer o mesmo em favor de quem necessite.

Importa, porém, que no ato de agir perante alguém que precise de algo, não tomes atitudes de soberba, que possam humilhar a quem pretendes auxiliar.

Chega-te aos pequeninos da vida, mas procura igualar-te a eles, demonstrando compreensão e carinho, para poderes agir por amor.

E, mesmo que a tua vida se encontre conturbada, sê abnegado e dedica o teu tempo disponível, procurando fazer algo que te engrandeça interiormente e que restaure o equilíbrio de alguém que esteja passando por grandes aflições.

A abnegação exige renúncia e desprendimento, jamais interesses escusos que resultem em cobranças posteriores.

Lembra-te de Jesus, que já tendo atingido o grau máximo da perfeição, desceu das alturas celestiais, para trazer à humanidade terrestre, ensinamentos preciosos que a todos nós induzisse a um crescimento interior.

Alegria... alegria!

... a vossa tristeza se converterá em alegria!
Jesus (João, 16:20)

MESMO DIANTE DOS maiores percalços da vida, não deixes teu coração confranger.

Manter a alegria, apesar das dificuldades a enfrentar, é um modo de facilitar as coisas que desejas obter.

Aquele que sabe conservar uma alegria serena, mesmo diante das maiores tormentas da vida, certamente, conseguirá encontrar soluções para tudo. Não são as lágrimas, nem o desespero que abrirão caminhos para encontrar o que tanto estejas a buscar.

Vivendo em paz contigo mesmo, conservando a consciência tranquila por nada teres feito de errado, se torna mais fácil encarar com serenidade e alegria, as situações mais conturbadas que estejas a enfrentar.

Alegria... alegria! Se conseguires conservar-te alegre em todas as situações do teu viver, contagiarás aqueles que estejam ao teu redor. Muitas vezes, aquele que chora ao teu lado, poderá estar à espera de um incentivo para sentir-se um pouco mais feliz.

Quantas pessoas que vivem amarguradas e queixosas, ao verem a tua alegria contagiante, conseguem mudar o modo de agir e, em breve tempo, voltarão a sorrir! O sorriso carregado de afeto apazigua qualquer coração em desespero.

Não há coração endurecido que não esmoreça diante de um sorriso imantado da mais pura alegria. Portanto, nunca deixes de sorrir e não permitas que a alegria desapareça do teu viver de cada dia. Conserva-te alegre sempre e serás muito mais feliz!

Ama... espera... e abençoa!

Sigamos as coisas que contribuem para a paz e para a edificação de uns para com os outros.
Paulo (Romanos, 14:19)

AMA COM DESPRENDIMENTO, **tudo fazendo para levar alegria ao ser amado.**

Ama sem nada exigir em troca, dando o melhor de ti em favor daquele que, mesmo estando ao teu lado, esteja sofrendo de alguma forma.

Ama, entendendo e perdoando quaisquer desentendimentos que venham a surgir, nublando a relação entre ambos.

Espera, mesmo que a vida apresente as oportunidades que desejas obter, para alcançar aquilo com que tanto sonhas.

Espera que as amarguras passem, mas sem entregar-te ao desespero ou à revolta, levando-te a sofrer ainda mais.

Espera que as dificuldades surgidas se diluam, mas com pensamentos positivos que deverás sempre emitir.

Abençoa sempre o que a vida te leve a passar, seja de bem ou de mal, pela compreensão de que tudo tem sua razão de ser.

Abençoa as lágrimas de hoje, que te levarão a sorrir no amanhã, após cessar a tormenta em que, no momento, te encontres.

Abençoa os ventos gélidos que estejam a atingir-te a alma, para que o Sol da alegria volte a aquecer o teu coração.

Ama... espera...e abençoa! E a vida que hoje te parece amarga, será dulcificada pela vitória do amor sobre a dor.

As luzes do amanhã

Assim, brilhe a vossa luz diante dos homens...
Jesus (Mateus, 5:16)

QUANDO AS LUZES se apagam, tudo fica escuro à nossa volta. Nada enxergamos e o medo se apodera de nós.

Entretanto, quando as mesmas luzes se acendem, nossa alma se alegra, porque conseguimos enxergar, com clareza, tudo o que esteja ao nosso redor. Não haverá tropeços, nem confusões.

Assim como acontece com a tua vida em quaisquer situações que estejas atravessando neste mundo material, também acontece com a tua essência espiritual.

Emitindo de ti as luzes do bem que estiveres cultivando na alma, conseguirás enxergar o lado bom das pessoas e das situações.

Já, quando emitires as sombras do mal, enxergarás em tudo e em todas as pessoas, o mal que ainda possas trazer em ti.

Não permitas, assim, que as luzes do bem se apaguem dentro de ti, porque, quanto mais as cultivares na alma, mais haverão de se refletir em tuas atitudes perante as situações que vivenciares nesta existência atual.

Essas luzes do bem cultivadas, diariamente, se transformarão nas luzes do amanhã, que enriquecerão o teu futuro, seja na Terra ou no Céu, das maiores alegrias, por terem permitido te tornares merecedor das alegrias celestiais.

Essas luzes do amanhã serão oriundas dos sentimentos de amor e de caridade que se refletirão de ti, através dos atos de amor e de caridade, que te permitirão arregimentar forças para, de alguma forma, dar a tua colaboração para que este planeta se transforme em um mundo melhor, onde o amor haverá de suplantar toda dor.

Busquemos Jesus

Amai-vos ardentemente uns aos outros...
Jesus (I Pedro, 1:22)

JESUS É O espírito mais perfeito que já nasceu aqui na Terra e a ele devemos os mais belos e puros ensinamentos que precisamos praticar, a fim de conseguirmos evoluir um pouco mais.

Não busquemos Jesus somente no Natal. Não busquemos homenageá-lo apenas nessa data magna da cristandade.

Busquemos Jesus em toda parte e por todos os dias, através da vivência plena dos seus ensinamentos. Busquemos Jesus onde a miséria ou a enfermidade se façam presentes e, como ele, que saibamos estender as nossas mãos para auxiliar.

Busquemos Jesus amparando os aflitos e desesperançados, apiedando-nos dos enfermos e socorrendo os que padecem pela fome do corpo ou secura da alma, levando a nossa palavra consoladora e de afeto, de fé e de esperança de que dias melhores haverão de surgir.

É amando o próximo como a nós mesmos que estaremos exercitando a caridade tão apregoada por Jesus. Muitos ensinamentos ele nos legou, mas será que os temos vivenciado plenamente? Não é apenas na época do Natal que devemos colocá-los em prática, mas, diariamente, fazendo o que estiver ao nosso alcance para amenizar, um pouco que seja, o sofrimento alheio.

É no leito dos doentes, é no berço das crianças que nascem com problemas que Jesus se faz presente e nos chama para auxiliar; é onde grassa a dor e a violência se expande, que nossas orações poderão dar alívio e força para tudo suportarem.

É esquecendo as nossas próprias necessidades para prestarmos auxílio aos que tanto sofrem que estaremos cumprindo com os nossos deveres de amor e caridade.

É levando alento aos desiludidos da vida, renovando-lhes a esperança, que estaremos preparando para nós mesmos, uma vida mais feliz.

Aprende, portanto, a olhar à tua volta e perceberás que és muito mais feliz do que acreditas ser. Se tens saúde e nada te falta, não reclames quando as tuas dificuldades se te apresentarem impossíveis de solucionar.

Confia no amor de Deus por todos os Seus filhos, e estarás cumprindo o que Jesus espera de ti. Tantos ensinamentos o Mestre legou a todos nós e é colocando-os em prática, não apenas em dias especiais, mas sim, em todos os instantes em que perceberes que a tua ajuda se faz necessária, que serás por ele abençoado e te tornarás merecedor de ter um lindo e abençoado dia de Natal!

Carregar a cruz

Se alguém me quiser seguir, negue-se a si mesmo, tome a sua cruz e...
Jesus (Marcos, 8:34)

CERTAS PESSOAS SÓ sabem se queixar da vida, das dificuldades que enfrentam, das dores que sentem, dos trabalhos que realizam e, assim, não encontram tempo para servir ao próximo em nome da caridade.

Sabemos que todas as pessoas que vivem neste mundo, de uma forma ou de outra, têm uma cruz a carregar. Para uns muito pesada, para outros mais leve, ou seja, de acordo com os méritos adquiridos nesta ou em outras encarnações. E, quanto mais se queixam do peso da sua cruz, mais pesada ela lhes parece e difícil de carregar.

Passam, então, a buscar quem as ajude, procurando dividi-la com amigos ou familiares. E, com isso, se tornam pessoas desagradáveis, levando muitos a delas se afastarem, pois, não basta a própria cruz que já carregam, ainda terão de suportar as lamúrias dos outros.

Contudo, aquele que sofre com a própria cruz, se procurar realizar algo em favor do bem do próximo, sentirá alívio e força para suportar o que, ainda, tiver de carregar.

Por isso Jesus recomendou aos que estejam eivados de problemas, seja de saúde, de ordem material, espiritual ou de relacionamentos com os próprios familiares: *Aquele que quiser me seguir, negue a si mesmo, tome a sua cruz e siga-me.* Isto quer dizer que para segui-lo, devemos nos libertar dos vícios e de tudo de errado que ainda fazemos.

Dessas palavras entendemos que não basta nos dizermos espíritas ou de qualquer outra religião. É preciso provar que o amamos, através dos bons atos que praticarmos e do bem que conseguirmos realizar em favor daqueles que nos acompanham os passos e dos que passam por difíceis ou dolorosas provações.

Confia sempre

Por que temeis, homens de pouca fé?
Jesus (Mateus, 8:26)

MESMO QUE AS dificuldades se avolumem em tua vida, mesmo que o peso dos anos te leve a esmorecer nas lutas, mesmo que a incompreensão alheia te tolha os passos, confia e espera sempre.

Não te desesperes quando o destino cobrar de ti. Aproveita os momentos de cobrança para te esforçares um pouco mais. Através do esforço próprio, algo mais acrescentarás em tua vida e em teu modo de ser.

Mas, é preciso confiar. Do Alto, luminares do Senhor vigiam-te os passos para que não venhas a sucumbir pela dor.

Confia, porém, em ti mesmo, nas tuas próprias forças, naquilo que já aprendeste e, com coragem prossegue servindo ao teu próximo, através de tudo aquilo que te foi confiado por Deus. Ele muito espera de ti.

Não desanimes, jamais! Confia e espera. A hora da luz chegará, clareando-te os caminhos que ainda te possam parecer obscuros.

Confiando alcançarás, certamente, não apenas os resultados que esperas, mas a vitória sobre ti mesmo.

Deveres

*Servindo de boa vontade, como sendo ao Senhor,
e não aos homens.*
Paulo (Efésios, 6:7)

NA MEDIDA EM que cresces em conhecimentos, mais deveres e responsabilidades te são exigidos.

Na medida em que compreendes a necessidade de praticar o que aprendeste em relação aos ensinamentos de Jesus, mais deveres passas a adquirir.

E os deveres que te competem em relação aos deveres materiais na profissão que abraçaste, mais ainda se estendem em relação aos deveres morais.

Na medida em que adquires conhecimento dos ensinamentos de Jesus, mais deveres e responsabilidades acrescentas em tua vida, primeiramente para com a tua própria evolução e depois, em relação ao bem que te cabe distribuir.

Fazer aos outros, o que se deseja para si mesmo, abrange a relação dos deveres morais que todos nós devemos assumir.

Assim, por tudo o que já aprendeste, não faças ao próximo e nem deixes de fazer aquilo que gostarias ou não que te fizessem.

Ama e abençoa, perdoa e prossegue servindo para que te sintas em paz contigo mesmo, pelos deveres bem cumpridos, sejam morais, materiais ou para com a própria família que Deus permitiu que tivesses, de acordo com os teus merecimentos.

Cumpre com todos os teus deveres e Deus, por certo, haverá de te abençoar!

E a vida passa...

De maneira que cada um dará conta de si mesmo a Deus.

Paulo (Romanos, 14:12)

MUITAS VEZES, ENVOLVIDO em tuas lutas diárias, nem percebes o quanto que perdeste em manifestações de amor, que deixas de demonstrar.

Pessoas com quem convives diariamente se ressentem desse amor que não recebem.

Os filhos, principalmente quando crianças ou jovens, necessitam desse amor para que desenvolvam bons sentimentos.

Toda falta de carinho ou de um companheirismo por parte dos pais, se reflete no desenvolvimento moral dos filhos.

Muitos pais, porém, acreditam que o excesso de amor poderá estragá-los e os filhos se tornarão exigentes demais. Mas, não é isso o que se dá. Amor é carinho, é ter compreensão, é dialogar, orientar, não é lhes fazer todas as vontades, é procurar educar dentro dos moldes de disciplina e respeito, não é ser tirano.

Toda criança tem sentimentos que precisam ser burilados, para que consigam entender que dar amor, não é ser permissivo, deixando fazer o que quiser, mas sim, o que possa ser feito.

Quantos pais, quando estão em atritos entre si, não se dão conta de que os filhos estão a observá-los. Quaisquer palavras mais ríspidas pronunciadas ou atitudes violentas praticadas entre si, além dos maus exemplos dados, deixam os filhos entristecidos. Eles querem ver demonstrações de amor e não grosserias.

E a vida passa... E, as crianças de hoje serão adultos no amanhã e as lições boas ou más recebidas dos pais, vão se refletir no futuro, tornando-as pessoas gentis ou grosseiras, bondosas ou maldosas, responsáveis ou irresponsáveis, honestas ou distantes dos bons costumes e das boas orientações que deveriam ter recebido, mas que nem todas puderam receber.

E, a vida passando, se não buscarem uma orientação profissional ou moral que os direcionem a agir de outro modo, o mesmo farão com os próprios filhos que venham a ter. A paternidade e a maternidade são missões que, se bem cumpridas dentro dos moldes da lei do amor e da caridade, granjearão aos pais, no futuro, juros da misericórdia divina.

É vivendo que se aprende

E muito tempo depois veio o senhor daqueles servos, e fez contas com eles.
Jesus (Mateus, 25:19)

MUITAS VEZES, PELOS nossos erros, pelas atitudes impensadas que tenhamos tomado com o intuito de adquirirmos algo que ainda não fizemos por merecer, a vida nos cobra. E, como consequência, surge a dor, surgem as desilusões e, com elas, a revolta.

Não culpemos a ninguém pelos nossos fracassos, pelos nossos aborrecimentos, nem nos castiguemos por isso. Tudo é aprendizado, tudo é resultado das nossas imperfeições.

Se ainda estamos em um mundo de provas e expiações, não nos consideremos isentos de errar. Deus não exige de nós aquilo que ainda não tivermos condições de entender.

É de passo em passo que a criança aprende a andar. É de tombo em tombo que aprende a se firmar nas pernas para conseguir caminhar. É de erro em erro que aprendemos as lições que a vida queira nos ensinar.

Não nos desesperemos, portanto, se nem tudo acontece conosco, como gostaríamos que acontecesse. Que saibamos aproveitar os fracassos como lições de vida para podermos evoluir.

O Sol não brilha antes da noite se afastar, para que um novo dia consiga despontar. Ninguém dá o que não tem; ninguém aprende se não experimentar. Só a teoria não basta; é preciso praticar. Assim se dá com a evolução do espírito, para o homem poder se aproximar de Deus.

É vivendo que se aprende. É só substituindo o mal pelo bem, que o próprio planeta poderá evoluir e, as bênçãos divinas haverão de trazer ao homem novas oportunidades de crescimento interior, sem tanto sofrimento, sem tanta dor!

Entre a tristeza e a alegria

Orar e nunca desfalecer.
(Lucas, 18:1)

QUANDO A TRISTEZA permeia entre momentos de alegria e de paz, eleva o teu pensamento a Deus, para que possas afastar o que te machuca a alma, e consigas retornar ao equilíbrio emocional e à serenidade interior.

Em muitas situações da vida em que deverias manter a calma, surgem, às vezes, pequenas contrariedades que te levam ao desequilíbrio e o coração se ressente, fazendo com que a tristeza se aflore, afastando a tranquilidade na qual deverias permanecer.

A falta de compreensão das situações difíceis que, às vezes enfrentas, é que te proporciona esse clima adverso do qual deverias afastar-te, para que à paz consigas retornar e não tornes a sofrer.

Se desejas viver com alegria, procura cultivá-la pela aceitação serena das situações conflitantes que venhas a enfrentar, pois será através delas, que crescerás interiormente.

Não sofras sem necessidade, mas se o sofrimento surgir a fim de que te libertes das consequências dos erros cometidos, procura dele tirar os ensinamentos de que necessitas para evoluir sempre mais e mais.

Assim, em vez de revolta, por acreditar não merecer as lutas difíceis que a vida, às vezes, te leva a enfrentar, agradece a Deus pela Sua misericórdia para contigo, porque, só assim, retornarás a viver em paz com a tua consciência.

Se Deus é Amor, conforme acreditas, é também Justiça Suprema. Portanto, mesmo vivendo entre a tristeza e a alegria, continue a caminhar serenamente para que, um dia, somente com alegria consigas viver.

Esforço próprio

*Não andeis inquietos pelo dia de amanhã,
porque o dia de amanhã a si mesmo trará seu cuidado.*
Jesus (Mateus, 5:34)

QUANDO JESUS RECOMENDOU: "Olhai as aves do céu, que não semeiam nem segam, mas o Pai Celestial nada lhes deixa faltar", nos alertou para a necessidade da fé, da confiança que devemos depositar na ajuda de Deus Pai.

É claro que não devemos nos descuidar da nossa própria luta, do esforço próprio para poder resolver as nossas situações difíceis. Portanto, eleva um pouco o teu pensamento acima desses problemas de ordem material que tanto te afligem e põe em teu coração, uma gota de serenidade.

Esforça-te, luta, arregimenta-te de força interior que não haverá de te faltar.

Deixa que o bálsamo do amor divino acalente tua alma angustiada, e confia, pois, no momento certo, as coisas entrarão nos seus devidos lugares.

Não te entregues ao desespero, que só provoca conturbação. Serena o teu ânimo para que as forças perturbadoras disso não se aproveitem para semear a discórdia.

Conserva o teu coração em paz e acrescenta mais fé em tua mente, a fim de que consigas encontrar a lucidez que esteja te faltando. Esforça-te sempre, sem jamais te entregares ao desânimo.

Só assim, o auxílio do Alto conseguirá chegar a ti e as soluções para os teus problemas poderão ser encontradas. E, se hoje choras, amanhã poderás sorrir.

Finados

*Ele não só destruiu a morte,
mas também fez brilhar a vida e a imortalidade.*
(II Timóteo, 1:10)

NO DIA DE **Finados**, nossos entes queridos que já partiram, geralmente são relembrados e, de alguma forma, homenageados.

A perda de entes queridos é sempre muito sofrida para todos nós, principalmente, quando se trata de um acontecimento recente. Mas, necessário se faz que saibamos manter a serenidade, encarando esse fato como um acontecimento natural da vida. Caso contrário, só faremos sofrer aqueles que dizemos amar.

Como espíritas que somos, sabemos que o espírito é imortal. O corpo perece, seja por fato natural, acidente, enfermidade ou mesmo, velhice, em que o corpo se encontra desgastado pela idade. Todos nós temos um tempo determinado por Deus, para aqui permanecermos. Cumprido esse tempo, de uma forma ou de outra, faremos a grande viagem, sem retorno nesta encarnação.

Já temos aprendido que a verdadeira vida é a espiritual. A vida na Terra é temporária, uma passagem, não apenas para resgatarmos débitos acumulados de vidas anteriores, mas, principalmente, para adquirirmos mais algum aprendizado de que necessitamos para a nossa evolução espiritual.

Que saibamos, assim, aceitar a dor da partida de algum ente querido com muita serenidade e compreensão de que, mais cedo ou mais tarde, haveremos de nos reencontrar. Para aquele que ama, esse reencontro será coroado de alegrias e de planos para um futuro que se faça necessário para o nosso crescimento interior. Porém, nem sempre do modo que tenhamos vivido nesta encarnação, pois as situações poderão se inverter. Aquele que hoje é pai ou é mãe, poderá renascer como filho ou filha, avós ou netos ou mesmo irmãos.

Na espiritualidade há sempre um planejamento para as nossas futuras encarnações, mas sempre visando a nossa evolução. Portanto, sequemos as nossas lágrimas de hoje, pela perda de alguém muito querido, pois, certamente, o faria sofrer e, não é isso o que lhe desejamos e sim, que seja muito feliz na sua nova morada. Nossas preces sinceras em seu favor, ou algum ato de caridade que praticarmos em seu nome, terão mais valor que todas as lágrimas derramadas ou homenagens prestadas.

Liberta-te...

Esforça-te por te apresentar a Deus digno de aprovação.
Paulo (Timóteo, 2:15)

LIBERTA-TE DE TI mesmo, das tuas imperfeições, dos hábitos nocivos que te degradam interiormente.

Liberta-te da preguiça que te induz ao comodismo ou ao nada fazer e te impede de que tenhas uma vida mais produtiva que te engrandeça interiormente.

Liberta-te da gula que te leva a exagerar em teu apetite, levando-te a armazenar gorduras que venham a prejudicar a tua saúde ou que te impeçam de agir com mais disposição nas atividades do dia a dia.

Liberta-te do hábito da calúnia que te leva a agir sem caridade para com o próximo, vendo o mal, onde talvez ele não exista, ao invés de enxergar o bem perante o qual te fazes cego.

Liberta-te da tristeza contundente e procura encarar a vida com mais alegria, para que possas aceitar sem revolta os acontecimentos que deverás passar, por serem necessários ao teu crescimento interior.

Liberta-te dos vícios que prejudicam a tua saúde e daqueles que te impedem de ser uma pessoa melhor, a fim de que possas ter ao teu lado pessoas que te induzam ao caminho do bem.

Enquanto estiveres apegado às tuas imperfeições, não crescerás interiormente e, provavelmente continuarás a ser uma pessoa desagradável, da qual muitos se afastarão.

Se quiseres encontrar felicidade, mesmo em meio às conturbações da vida, procura esforçar-te por libertar dos maus hábitos que ainda carregas na alma, pois são estes que te impedem de conquistar uma vida que te faça, realmente, feliz.

Livra-te da amargura

*Renovai-vos pelo espírito no
vosso modo de sentir.*
Paulo (Efésios, 4:23)

PERANTE A AMARGURA que te faz sentir a vida tão sofrida, adoça o teu coração com a bondade para com todos que cruzarem os teus caminhos evolutivos.

Procura cultivar a compreensão perante as faltas alheias, a tolerância para com aqueles que, de alguma forma, procuram te ferir.

Reergue-te da apatia em que te envolves e faze do teu caminhar de hoje, uma doação constante de afeto e um cultivo de paciência e aceitação das coisas que não consegues mudar ou de ti afastar.

Ama e abençoa sempre, por mais que a vida te fira, e agradece a Deus pelas pedras do caminho, pois são estas que te fazem crescer.

Olha à tua volta e procura estender as mãos para soerguer os que tombam na invigilância, fazendo da vida um arsenal de problemas que cultivam na própria alma.

Tolerância e compreensão são atitudes que deverás tomar, quando a amargura se aproximar de ti, a fim de que consigas enxergar com olhos de amor, as coisas que, a princípio, julgas que te farão sofrer.

Observa ao teu redor e verifica onde a tua ajuda se fará necessária e mobiliza os teus braços em auxílio fraterno, mesmo que sintas o teu corpo cansado e o coração oprimido.

Serão as tuas atitudes perante os enfermos ou desesperançados, que farão com que não mais sintas tua vida tão amarga, pois compreenderás que é na prática da caridade que tornarás o teu viver mais dulcificado e o teu coração apaziguado.

Mudanças constantes

E esta é a promessa que ele nos fez: a vida eterna.
(I João, 2:25)

MAIS UM ANO que se findou... Enquanto o homem faz promessas que nem sempre cumpre, a vida prossegue quase igual, porque temos os olhos fechados e não percebemos que as mudanças existem e estão por toda parte.

Individualmente, as coisas nos parecem iguais, mas, no todo, as mudanças são muitas. Se olharmos para trás, perceberemos quantas mudanças aconteceram em apenas uma década!

Na tecnologia, as mudanças tiveram um ritmo acelerado, mas no individual, se percebermos qualquer mudança, logo dizemos que foi para pior.

Fiquemos alguns anos sem visitar alguma localidade e, em nela voltando, talvez não mais a reconheçamos.

Assim acontece na nossa vida. Com o passar dos anos, fisicamente mudamos tanto, que talvez algumas pessoas não mais nos reconheçam. Não apenas pelo corte ou pela cor dos cabelos ou porque embranqueceram.

Mudamos, porque engordamos ou emagrecemos. O contorno da face vai ficando mais alongado, porque os músculos se tornam flácidos e ficam caídos. A expressão dos olhos também se modifica e a pele vai ficando enrugada. Até mesmo na altura, vamos percebendo que os centímetros vão diminuindo.

A nossa voz também sofre algumas alterações, ficando mais grave do que normalmente era. Observe-se a voz de uma criança em comparação com a de um adulto. Mas, nada disso é importante, pois significa que amadurecemos e, um dia, começaremos a murchar.

O mais importante, porém, é que mudemos principalmente por dentro. E, como já temos mudado! O que antes não aceitávamos, hoje passamos a aceitar; os nossos gostos são outros; podemos ser mais ou menos exigentes com o passar dos tempos.

Entretanto, é preciso que manias e defeitos sejam extirpados, que mágoas e melindres não mais façam parte dos nossos sentimentos, que o amor substitua o ódio e que pensamentos negativos sejam trocados pelos positivos, e a descrença pela fé raciocinada.

É somente através dessa mudança interior, que avançaremos em nossa jornada evolutiva para ficarmos mais perto de Jesus e nos tornarmos merecedores da aprovação do Criador.

Na hora da dor

Bem-aventurados os que choram,
porque serão consolados.
Jesus (Mateus, 5:5)

NA HORA DA dor, sinta-te fortalecido pela fé que até então cultivaste.

Recorda cada ensinamento recebido através da religião que abraçaste e das verdades espirituais que acrescentaste à tua alma.

Verifica as tuas atitudes diante dos percalços da vida, dos fracassos que superaste e das vitórias que alcançaste.

Quando, porém, surgem os momentos de dor, procura demonstrar àqueles que te cercam, o teu fortalecimento interior. Fortalecimento esse que conseguiste pelo esforço de renovação íntima.

Se a vida, hoje, se te apresenta difícil de suportar pelos acontecimentos que perturbaram o teu viver, demonstra a tua fé numa força maior que haverá de te amparar, sustentando-te a força e a coragem de a tudo enfrentar, sem entregar-te à revolta ou ao desespero.

Todos nós que estejamos passando ou tenhamos passado por instantes de dor, sabemos que não é fácil superá-la, sem que nos revistamos de fé e coragem de vencer.

Nada se passa na vida que não seja necessário para a nossa evolução espiritual. Se já aprendeste as lições que a vida nos traz, tens o dever de demonstrar o teu crescimento interior. Nada nos é dado gratuitamente apenas para nos fazer sofrer. Tudo é aprendizado ou colheita da semeadura que fizemos um dia, mesmo que tenha sido distante.

Portanto, procura enfrentar com coragem e determinação, o momento de dor que estejas atravessando. Só assim, estarás demonstrando que aprendeste a lição, sem esquecer que Jesus confia em ti.

Na luta pela vida

Tratai todos os homens como quereríeis
que eles vos tratassem.
Jesus (Lucas, 6:31)

NO TEU CAMINHAR diário pelas veredas da vida, além das boas amizades que te impulsionem ao caminho do bem, encontrarás por certo, aqueles que não te compreendem e outros que, de alguma forma, procuram te agredir.

Aceita, porém, com paciência, as pedras que te atirarem e procura recolhê-las em teu coração, olhando-as como se fossem diamantes em que se transformarão depois de lapidá-las com amor e perdão.

Recolhe os espinhos que te ferem e olha-os como se fossem flores, que reunirás num ramalhete de amor para ser colocado no altar da vida, em holocausto pelas lutas difíceis que conseguires vencer.

Assim, na luta pela vida irás vencendo obstáculos, transpondo dificuldades, se souberes transformar em doações de amor, todas as possíveis agressões, todas as incompreensões que vierem a cercear os teus passos.

Importa, porém, que não agridas a ninguém, nem te sintas ofendido quando não consigam entender as tuas boas intenções em procurar apaziguar o próprio coração, diante do que vieres a sofrer.

Abençoa a mão que te fere e a voz que te calunia, pois são oportunidades para que possas crescer e ao Pai chegares um dia.

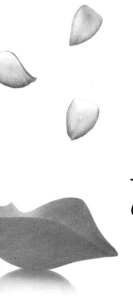

Não percas a esperança

*Porque nós pelo espírito da fé
aguardamos a esperança da justiça.*
Gálatas 5:5

TUA VIDA ESTÁ difícil? Não percas a esperança de que dias melhores haverão de surgir.

Se o teu dia, hoje, está conturbado, não percas a esperança de que, em breve, momentos melhores te trarão um pouco de paz.

Não percas, jamais, a esperança de que tudo o que hoje te perturba encontrará alguma solução. Esforça-te, porém, para não te entregares ao desespero ou à revolta, que só servem para levar-te a agravar, ainda mais, a situação que estejas atravessando.

Analisa-te interiormente, verifica os teus sentimentos e as tuas atitudes diante das dificuldades que atravessas e compreenderás que, às vezes, tu mesmo estás a complicar ainda mais a tua vida, pelo teu modo de reagir diante dos problemas que estejas enfrentando.

Verifica se tens tido a paciência necessária ou se as aflições se avolumam, por falta de compreensão e aceitação daquilo que te proporcionaria crescimento interior.

É com serenidade que conseguirás enfrentar os percalços da vida, sem te levares ao desespero ou à desistência de tudo.

Persiste em tuas lutas com esforço e coragem, alimentando a esperança de que tudo, em breve, haverá de passar.

Mãos amigas e invisíveis certamente estarão a auxiliar-te, para que consigas enfrentar a tua jornada neste mundo, tão necessária para que consigas libertar-te das tuas fraquezas e outras imperfeições, e possas evoluir um pouco mais.

Se num passado do qual não te lembras, muito erraste pelas atitudes tomadas, não repitas hoje, os erros cometidos para que, na próxima encarnação, tenhas de passar pelas mesmas situações que, hoje, te fazem sofrer.

Esperando e lutando com paciência, coragem e fé, conseguirás alcançar a vitória com que tanto sonhas de teres uma vida melhor, sem tantos aborrecimentos e preocupações, e sim, com muitas alegrias e paz no coração.

Não percas a fé

... e eu te mostrarei a minha fé pelas minhas obras.
(Tiago, 2:18)

DIANTE DAS INTEMPÉRIES da vida que surgem em teu caminhar de hoje, não percas a fé. Prossegue lutando e servindo, executando a tua parte em cumprimento da lei do amor e da caridade.

Diante das injustiças que tenhas presenciado no decorrer da tua existência, não percas a fé. Continua na execução das tuas lutas em função dos deveres de amparar os que sofrem, sabendo que a Justiça Divina se encarregará de corrigir os erros dos homens.

Diante da violência que campeia por este mundo afora, não te permitas perder a fé, pela certeza de que os exemplos de mansidão deixados por Jesus, são quais sementes plantadas nos corações dos homens e que, um dia, haverão de germinar.

Diante da ignorância que ainda percebes em muitas pessoas com quem convives, não percas a fé, pois se não puderes levar esclarecimentos aos tolos, Deus se encarregará de ministrar-lhes novos ensinamentos.

Diante da maldade que envenena os corações endurecidos pelo ódio, não percas a fé. Um dia, a própria vida se encarregará de abrandar-lhes o coração, pois, se não for por amor, será pela dor.

Portanto, faze a tua parte, buscando conhecimentos que te tragam clareza mental e desenvolvendo sentimentos puros que te engrandeçam interiormente, para que a fé que sempre cultivaste possa levar-te a grandes realizações, não apenas em favor do bem do próximo, mas por ti mesmo, criando-te condições de alcançar um grau superior de evolução.

Nossas recordações

*Se alguma virtude há e algum louvor existe,
seja isso que ocupe o vosso pensamento.*
Paulo (Filipenses, 4:8)

DIA DAS MÃES! Uma data que, geralmente, nos traz muitas recordações, estejamos encarnados ou desencarnados. Recordações essas, não só do nosso tempo de infância, mas de outras ocasiões em que ela revelava o seu imenso amor por nós, seus filhos legítimos ou do coração.

Recorda, assim, os cuidados que ela teve contigo quando ainda eras pequenino, secando as tuas lágrimas, mesmo quando por motivos banais te sentias triste, talvez por lembranças do plano espiritual de onde vieste ou pelas pequenas quedas que sofreste ou, ainda, pelas desavenças que tiveste com teus irmãos, hoje consegues compreender o quanto ela te amou, pelo carinho que dela recebias.

Recorda também da tua juventude, do primeiro baile que frequentaste, das amizades que cultivaste, dos conselhos que dela recebias diante da tua rebeldia naquela época, das orientações que te proporcionava quando o primeiro amor surgiu em tua vida, e reconhecerás o quanto de amor com que ela te envolvia.

Hoje, na idade adulta, acreditando-te independente e achando que, por teres adquirido o livre-arbítrio, podes agir livremente, sem dar satisfações a ninguém, às vezes acabas por desviar-te do caminho reto a seguir e sofres as consequências. É nesse momento que, ao lembrares dos seus conselhos, sentes um aperto no coração e a saudade surge mais intensa pelo amor que ela te dedicava ou que ainda te dedica, mesmo estando distante de ti.

Se, por um motivo natural da vida, ela estiver doente, sofrendo as consequências da idade avançada, é nesse momento que, por ela, tudo deverás fazer, não por uma simples obrigação e sim, por muito amá-la. E, se não mais a tiveres junto a ti, lembra-te de por ela orar com fervor, não apenas rogando que ainda te proteja, mas, vibrando amor, muito amor, a fim de que ela seja abençoada e recompensada por tudo que, nesta vida, te proporcionou.

Nunca deixes de amar

Vinde a mim todos os que andais em sofrimentos e vos achais carregados, e eu vos aliviarei.
Jesus (Mateus, 11:22)

POR MAIS ESPINHOSA seja a tua caminhada, por mais difícil se faça o teu viver, por mais decepções venhas a encontrar, nunca deixes de amar.

O amor que conseguires estender, te fará superar tuas dores e fraquezas, e permitirá que prossigas a tua jornada terrena, em busca de um engrandecimento interior.

As lágrimas que secares, o consolo que levares aos aflitos, as esperanças que renovares, farão com que te sintas aliviado em tuas dores e abençoado por Deus.

É através do amor que conseguires distribuir ao teu redor, que haverás de sentir amenizados os teus sofrimentos. Não importa se a vida se te apresente eivada de problemas ou que constantes aflições tornem o teu viver amargo, o importante é que nunca deixes de amar. Ama com desprendimento, ama simplesmente sem nada exigir em troca.

À medida que souberes entender o que se passa na vida daqueles que nada possuem, a não ser a própria dor, conseguirás aceitar com mais fé e serenidade o que a vida tenha a te oferecer.

Lembra-te, porém, de que foi por amor que Jesus veio a este mundo para nos ensinar a amar. E foi por muito nos amar, que deu a própria vida para implantar aqui na Terra o seu reinado de luz, de amor e de paz.

Seguindo os exemplos deixados por Jesus, saberás enxergar em cada irmão que muito sofre, alguém necessitado do teu amor para poder se reerguer.

Ama, perdoa e abençoa sempre, mesmo que venham a ferir-te com palavras ásperas e contundentes, repletas de sentimentos inferiores. Faze a tua parte e nunca deixes de amar!

O jugo de Jesus

*Tomai sobre vós o meu jugo e aprendei de mim,
que sou manso e humilde de coração...*
Jesus (Mateus, 11: 28)

ALGUMAS PESSOAS PREFEREM ficar distantes dos ensinamentos de Jesus, porque não estão dispostas a renunciar aos prazeres do mundo e acabam prisioneiras de si mesmas, dos seus erros e imperfeições.

Contudo, os ensinamentos do Mestre Divino não oprimem a ninguém. Ao contrário, abrem caminho para a felicidade, desde que se esforcem por policiar as próprias atitudes, eliminando aquelas que lhes causem prejuízos de ordem moral ou espiritual e, acrescentando as que lhes engrandecem interiormente, pelos atos de amor e de caridade que venham a praticar.

O jugo de Jesus é suave, não oprime a ninguém, apenas incentiva a mudança de comportamentos e de atitudes para o lado do bem, o que poderá lhes render juros da Misericórdia Divina.

O jugo de Jesus é um incentivo à prática da caridade. É saber estender as mãos para soerguer os caídos, é apaziguar os corações aflitos, é renovar a esperança dos desiludidos e incentivar a fé dos descrentes.

O jugo de Jesus não é um fardo pesado a ser carregado pelos caminhos da vida. É luz a clarear os nossos passos, é amor a ser distribuído aos que passam por aflitivas ou dolorosas provações.

O jugo de Jesus não leva à dor; ao contrário, traz uma alegria suprema pelo cumprimento de suas leis de amor, quando ensina a amar ao próximo como a si mesmo.

O jugo de Jesus não condena a alegria e as únicas lágrimas que leva a derramar, são pelos sentimentos de piedade diante da dor presenciada na vida daqueles irmãos, quando em difíceis provações.

O jugo de Jesus, quando aceito com humildade, abre caminhos para a felicidade de mais próximo dele poder chegar.

Observa a ti mesmo

Tens fé? Tem-na em ti mesmo e diante de Deus.
Paulo (Romanos, 14:22)

OBSERVA A TI mesmo, analisa os teus pensamentos e sentimentos, e não te permitas enveredar por caminhos escusos que te levem a sofrer, ainda hoje ou mesmo no futuro.

Observa as tuas atitudes: o que tens feito para enobrecer a tua vida ou que venha a te degradar interiormente?

Verifica como tens usado os teus olhos: será que os usa apenas para enxergar o mal onde ele não existe?

E os teus ouvidos: será que não deturpas aquilo que escutas, levando para o lado do mal o que te dizem, e tenhas reações negativas?

Examina o que tem saído da tua boca: são palavras doces e ternas, ou refletem a amargura que trazes no coração?

Já percebes o aroma suave do amor ou te sentes envolto por cheiros pútridos da maldade humana?

Teus braços já aprenderam a acariciar e aliviar os carentes de afeto e se abrem para soerguer os que tombam pela invigilância? E suas mãos, já servem para alimentar os famintos e balsamizar as chagas humanas?

Já sabes socorrer aqueles que tanto sofrem pela ausência de amor? Já consegues entender e perdoar as palavras rudes que te dirigem? Já consegues aproveitar o teu tempo vago em leituras edificantes ou ainda perdes tempo em conversas vãs?

Quando as dores ou dificuldades te atingem, lembras-te de elevar o teu pensamento a Deus ou ligar-te a Jesus numa prece sincera partida do coração e não apenas palavras decoradas?

Já suportas, com serenidade, as adversidades da vida por compreenderes que elas sempre são para o teu bem?

Ainda invejas o que percebes na vida alheia e que te levam a julgar-te a mais infeliz das criaturas?

Pensa nisto, e serás muito mais feliz!

Ouve o que te digo

Vai e não peques mais.
Jesus (João, 8:11)

QUANDO PENSAS EM agir de forma que fira os deveres morais, ouve o que te digo:

– O mal que vieres a praticar, a ti mesmo causará prejuízos.

Quando agires sem pensar nas consequências dos perigos a que te expões, ouve o que te digo:

– Não venhas a chorar amanhã, por um instante de prazer.

Quando pensas que as coisas que fazes não

prejudicam a ninguém, ouve, mais uma vez, o que hoje te digo:

– Teus olhos, agora, não podem visualizar os maus resultados dos teus atos. Mas, quando conseguires olhar para trás, perceberás o quanto de mal espalhaste em teus próprios caminhos e, talvez, venha a ser tarde demais.

Ouve ainda uma vez, o que te digo:

– Aprende com os ensinamentos do Divino Mestre, a andar sempre em linha reta, porque os caminhos tortuosos talvez estejam escondendo algum perigo.

Portanto, não procures ouvir apenas o que te digo. Ouve também o que dizem as pessoas mais experientes e, em especial, aquelas que praticam o que dizem.

Entretanto, procura de ora em diante, caminhar sempre atento para que não venhas a envolver-te em situações que, de alguma forma, venham a te prejudicar.

O caminho certo é e será sempre o evangelho de Jesus, sempre tão bem interpretado pelos próprios espíritos nos livros de Kardec. Estudando e praticando o que conseguires aprender, nada mais precisarás ouvir de ninguém.

Pelo caminho da luz

Eu sou o Caminho, a Verdade e a Vida e ninguém chegará ao Pai senão por mim.
João (14:6)

SONHAS PODER CAMINHAR, um dia, pelo caminho da luz, mas ainda continuas percorrendo os caminhos sombrios deste mundo material.

À medida que te esforçares por uma melhoria interior, dedicando os teus dias na busca de um crescimento efetivo, através do que fizeres de bem a fim de minimizar a dor em que muitos dos teus irmãos de caminhada se encontram mergulhados, conseguirás avançar na tua jornada evolutiva.

Não basta desejar, é necessário realizar o que estiver ao teu alcance para que os teus desejos, um dia, se tornem realidade.

Pelo que já aprendeste sobre o que a vida pode proporcionar aos que buscam um crescimento interior, já consegues saber que nada nos é dado de graça. Tudo exige esforço e boa vontade, perseverança no bem e realizações efetivas.

Não basta sonhar, é preciso buscar, mesmo que seja em prejuízo dos nossos interesses imediatos. E, no fazer, muitas vezes encontramos surpresas desagradáveis que não esperávamos. É preciso, porém, superar os obstáculos que nos entravam a caminhada e buscar novas realizações, quando aquelas não derem certo.

Na estrada da vida há muitas encruzilhadas e, só com muita fé e perseverança no bem, terás discernimento na hora de escolher qual caminho seguir. A vida não tem pressa; portanto, é dando um passo de cada vez que conseguirás vencer os teus limites e avançar um pouco mais.

Embora o esforço constante, um dia compreenderás que o caminho da luz ainda se faz muito distante e não será nesta ou nas próximas encarnações, que conseguirás tornar realidade um sonho tão quimérico, mas não impossível de realizar.

Perante as ofensas

*Tudo o que quereis que os homens vos façam,
fazei-o também vós a eles.*
Jesus (Mateus, 7:12)

SE ALGUÉM TE agride com palavras ofensivas, não revides ofendendo também o ofensor, pois, do mesmo modo que não gostas de ser agredido, não agridas a ninguém, nem mesmo verbalmente.

É o orgulho que nos faz reagir ao mal de que sejamos vítimas. Portanto, diante de quaisquer agressividades, reaja com educação, com palavras brandas que possam desarmar o ofensor.

Aprende a se desculpar de qualquer erro que tenhas cometido, em vez de reagir com agressividade. Podes até achar que tal atitude seria humilhação, mas não é, e sim, sinal de superioridade.

Sê compreensivo, tolerante e gentil, apesar das grosserias que recebas, e não guardes no coração qualquer ressentimento.

Procura considerar aquele que te ofendeu, como um doente da alma, necessitado dos teus exemplos de brandura, para que consiga assimilar as lições de que precisa para poder evoluir.

Sê manso e puro de coração, porquanto a mansuetude também é uma virtude que deves esforçar-te por cultivar.

Portanto, a qualquer agressividade que venhas a sofrer, procura reagir sempre com demonstrações de educação, mas, principalmente, de amor.

Por caminhos íngremes

E não conheceram o caminho da paz.
Paulo (Romanos, 3:17)

ENVEREDASTE POR CAMINHOS íngremes, na busca desenfreada de conquistas que te engrandecessem perante o mundo, e chegaste à conclusão de que não seria por esses caminhos que te fizeram desviar-te dos que Jesus veio mostrar, que conquistarias a glória que esperavas obter com tanto ardor.

A vaidade fez com que buscasses alcançar aquilo para o qual ainda não estavas preparado e o que encontraste foi decepção e sofrimento. Se tivesses sido mais moderado em teus sonhos, não procurarias elevar-te tão alto, pelo desejo de conquistar o mundo ao teu redor, mas te contentarias em começar por baixo e subir degrau por degrau até atingir os píncaros daquilo com que sonhaste.

Caminhos íngremes são sempre perigosos; as quedas são maiores que os avanços. Prepara-te antes de iniciar a tua caminhada, buscando os caminhos suaves traçados e exemplificados pelo divino Mestre, pois são estes que te permitirão dele aproximar-te.

A glória que esperavas alcançar levou-te a um fracasso monumental. Os louros da vitória que desejavas obter foram substituídos por espinhos que fizeram sangrar o teu coração.

Portanto, inicia tua nova caminhada com mais humildade e aceitação do que a vida tem a oferecer-te, e agradece a Deus pela experiência que o teu erro fez com que adquirisses. E, não mais venhas a sonhar tão alto, não mais procures caminhos íngremes para subir. Contenta-te em caminhar por linhas retas e planas que permitirão alcançar um pouco mais de humildade e aceitação do que a vida exige de ti.

Quando a alegria voltar

Renovai o vosso espírito para que reconheçais qual é a vontade de Deus, boa, agradável e perfeita.
Paulo (Romanos, 12:2)

AO FINDAR O ano que transcorreu, naturalmente, fizeste um balanço de tudo o que nele passaste, das atitudes que tomaste, rememoraste as dores que atravessaste, os problemas que enfrentaste, os aborrecimentos que tiveste, as tristezas que cultivaste..., e chegaste à conclusão de que algo precisava ser modificado em tua vida ou em ti mesmo, para poderes reencontrar a alegria que perdeste.

Mas, quando a alegria voltar, repensa nas atitudes que deverás tomar para tua mudança interior. Analisaste tua vida de ontem e chegaste à conclusão de que a tristeza não resolveu nenhuma situação; ao contrário, só agravou.

É a aceitação da dor que nos leva à compreensão de que tudo o que a vida nos proporciona tem uma divina finalidade. O teu crescimento interior, é que te permitirá voltar à alegria da qual te distanciaste por algum tempo.

Permanecer na tristeza, sem vontade de lutar, sem nenhum interesse pela vida, só te fazem sofrer. A vida é bela para quem tem olhos de ver e observar o esplendor da natureza: o céu pontilhado de estrelas, o Sol a nos proporcionar luz e calor ou seja, vida! O mar num vai e vem constante das ondas a se quebrar mansamente na praia, a vegetação exuberante das florestas, além dos exemplos de amor que os animais nos têm proporcionado para nos tornarmos pessoas melhores. Tudo isso nos leva a pensar em Deus.

Quando a alegria voltar, procura enxergar a vida com outros olhos e, compreenderás a grandiosidade do amor de Deus por todos nós, através de Suas obras.

Contudo, não basta uma alegria vazia, uma alegria sem obras; é preciso que enxergues na dor alheia, a oportunidade que a vida a todos nós proporciona para levarmos alegria aos irmãos em sofrimentos maiores que os nossos.

Quando a alegria voltar, não percas mais tempo relacionando os teus dissabores. Sustenta-te na fé, aquela "fé que remove montanhas" dos dizeres de Jesus, para remover as montanhas enormes que ainda estejas construindo na tua mente e no teu coração.

Quando a nuvem passar

Em tudo dai graças...
Paulo (I Tessalonicenses, 5:18)

ÀS VEZES, SURGEM certas situações em nossa vida, que se apresentam tão obscurecidas, que não sabemos como resolver. Lembremo-nos, porém, de que podem ser nuvens passageiras que, com um pouco mais de fé e esforço próprio, as soluções poderão surgir.

Nesses momentos difíceis que a vida te leve a atravessar, é hora de elevar tua mente para o Alto a fim de buscar nas forças superiores, a inspiração necessária para encontrar as soluções. O desespero, nesses momentos, de nada adianta; ao contrário, só irá obscurecer a razão, levando-te a acreditar que foste esquecido por Deus.

Aquela prece fervorosa, feita com humildade em reconhecer a tua pequenez, será como uma janela que se irá abrir em tua casa mental, para que o Sol nela penetre com todo o seu brilho para iluminar tuas ideias.

Lembra-te sempre, de que todas essas situações conflitantes que surjam em tua vida são quais nuvens passageiras que, por algum tempo, te obscurecem a razão.

Entretanto, é preciso que saibas entender que as dificuldades que enfrentas, são lições que precisavas aprender. Assim, quando a nuvem passar, procura avaliar quais os benefícios advindos dessa nova lição que a vida te tenha proporcionado, pois sempre, de alguma forma, cresces interiormente.

Compreendendo a lição e o reconhecimento de que foste auxiliado, nunca te esqueças de agradecer. É o orgulho que te faz acreditar que tudo foi resolvido por ti mesmo, pela tua capacidade e inteligência. Se assim agires, outras situações piores poderão acontecer, até que consigas acrescentar em ti, a virtude da humildade, que ainda estás longe de conquistar.

Quando a vida nos cobra

*E não vos conformeis com este mundo,
mas transformai-vos pela renovação do vosso entendimento.*
Paulo (Romanos, 12:12)

QUANDO NOS ESQUECEMOS das recomendações dadas por Jesus em seus ensinamentos e cometemos atos insanos, a vida nos cobra levando-nos a sofrer as consequências dos erros cometidos.

Passamos a nos considerar a mais infeliz das criaturas humanas e achamos que não merecemos passar por tanto sofrimento e questionamos a justiça de Deus.

Mas, se tivéssemos pensado nas nossas atitudes, antes de praticá-las, se tivéssemos mais sentimentos de caridade para com o próximo, não teríamos agido de tal forma.

É o egoísmo, é o orgulho, é a falta de misericórdia perante a dor alheia, que nos levam a agir erroneamente perante nossos irmãos de caminhada.

Se tivéssemos "olhos de ver" além dos nossos interesses imediatos, sentiríamos o coração se condoer diante de tantos horrores que ainda imperam neste mundo. Quanta miséria por toda parte, quanta fome transformando a vida num desespero total, quanta degradação moral por conta da necessidade de sobrevivência! Quantas crianças entregando-se ao crime pelo abandono, não só da família, mas também da sociedade por não orientá-las no caminho do bem! Falta-lhes educação, falta-lhes instrução para que possam ter um trabalho digno no futuro. Falta-lhes, enfim, AMOR!

Quando a vida nos cobra a displicência diante de tais situações, culpamos a outrem o que deixamos de fazer. Mas Deus, na Sua infinita misericórdia nos faz sentir na alma os resultados

dos nossos maus atos praticados. As decepções encontradas, as dores vividas, nada mais são que resultados das nossas falhas morais. São lições que precisamos aprender.

Quando falta misericórdia

*Porque, se perdoardes aos homens as suas ofensas,
também vosso Pai celestial vos perdoará a vós.*
Jesus (Mateus, 6:14)

QUANDO FALTA O sentimento de misericórdia, as pessoas tomam atitudes das quais virão a se arrepender tardiamente.

Enquanto pensamos somente em nós mesmos, nas nossas próprias necessidades, nosso coração endurece e nos esquecemos das necessidades alheias. É o egoísmo que ainda impera em nossa alma.

Um dia, porém, seja nesta ou em próximas encarnações, os papéis poderão se inverter. Seremos nós que iremos implorar o que hoje recusamos em ver ou ouvir: os apelos de nossos irmãos.

A misericórdia sensibiliza o nosso coração a fim de enxergarmos a dor alheia, como se fosse nossa própria dor.

A misericórdia nos leva a perdoar as faltas do próximo, como gostaríamos que perdoassem as nossas, que são tantas!

Quando falta misericórdia o nosso coração não se sensibiliza ou a mágoa impede de agirmos com sentimentos de caridade diante do sofrimento do próximo.

Já a misericórdia nos faz derramar lágrimas de piedade ou perdoar sinceramente as palavras rudes que tenhamos recebido de alguém.

Coloquemo-nos nas situações difíceis ou constrangedoras que muitos de nossos irmãos têm passado, e o sentimento de misericórdia não haverá de nos faltar. E, certamente, Deus também haverá de ter misericórdia para conosco perante as imensas faltas que tenhamos cometido nesta ou em outras encarnações que já se foram, mas que nos deixaram marcas profundas na alma.

Resignação

Mas todas estas coisas são o princípio de dores.
Jesus (Mateus, 24:8)

MINIMIZANDO AS TUAS dores por meio da resignação com que as encaras, terás forças suficientes para superá-las, enquanto teus débitos passados são resgatados.

Resignação, porém, não é conformismo, é a aceitação serena do que não pode ser modificado. A revolta, a não aceitação dos sofrimentos físicos ou morais, levam ao desespero e a dor parece crescer.

Buscando Jesus nas horas difíceis, buscando nas forças do Alto a coragem para enfrentar as provas ou as expiações por que tiveres de passar, sairás fortalecido nessa luta contra as tuas próprias imperfeições.

É a vitória do "eu" divino sobre o "ego" humano.

É a vitória da luz sobre as trevas.

É a vitória do amor sobre a dor.

Assim, quando a dor bate à tua porta, quando o sofrimento parece insuportável, quando a tristeza envolve a tua alma, eleva teu pensamento ao mestre Jesus, pedindo forças e abrirás assim, as portas do teu coração para que a luz divina nele consiga penetrar e para que o auxílio do Alto a ti possa chegar.

Ressurreição

*... também o Cristo padeceu por nós,
deixando-nos o exemplo.*
(I Pedro, 2:21)

NO TURBILHÃO DAS lutas terrenas que, às vezes, te levam a pensar em desistir de viver, não te revoltes e procura aceitar, serenamente, tudo o que estejas passando, lembrando-te de Jesus, que entregou a própria vida para nos ensinar os caminhos do amor, em direção à conquista de luz.

Mesmo sofrendo as maiores ignomínias que um ser humano poderia passar, carregou a própria cruz em função do bem da humanidade.

Vilipendiado, açoitado e, finalmente crucificado, ressuscitou dentre os mortos, elevando-se em espírito para mostrar a todos nós, que a vida é eterna.

Assim sendo, tu que entras em desespero por questões, às vezes, tão pequeninas, mira-te na vida gloriosa de Jesus e procura também ressuscitar, não dentre os mortos, mas da própria vida, enquanto tens tempo. Não mais te queixes dos problemas, das coisas que te fazem sofrer, e esforça-te por encarar, com serenidade, o que a vida te leve a passar.

Mesmo que ainda não entendas, um dia entenderás.

Ora, confia e aceita as agruras da vida, pois, com elas aprenderás a não mais errar e, um dia, ressurgirás da dor por teres, finalmente, aprendido a amar. Não aquele amor possessivo, mas amar com desprendimento, dando de si em benefício do próximo.

A ressurreição de Jesus que é, por muitos festivamente comemorada, deveria servir para tocar-te o coração perante o sofrimento alheio, e tudo fazer para amenizá-lo, esquecendo um pouco dos próprios problemas, das dificuldades e dores que estejas atravessando, para que possas ressuscitar dos desejos de morrer, para a vontade de viver, compreendendo que a vida terrena é uma escola e que todos nós temos muitas lições a aprender.

Retribuição

Dai de graça o que de graça recebestes.
Jesus (Mateus, 10:8)

RECOLHE EM TEU coração as migalhas de amor que a vida te oferece e acrescenta aquele amor que trazes dentro de ti e assim, terás condições de oferecer em dobro, todas as concessões que receberes.

Se recebeste carinho, oferece amor em profusão.

Se recebeste tolerância, oferece compreensão plena.

Se recebeste um raio de paciência para contigo, oferece um Sol de amor pela paciência que souberes cultivar.

Se recebeste alguma desculpa pelas tuas grosserias, oferece o perdão para todas as agressões que te alcançarem.

Se alguém te ofereceu uma flor de carinho e atenção, oferece tu, um ramalhete de afeto.

Importa, porém, que aquilo que vieres a oferecer, seja sempre sem cobranças.

Assim, estarás construindo um futuro de paz e de luz, não só para ti, mas também poderás estender ao próximo as alegrias que conseguires conquistar.

Abençoa, pois, todas as dádivas de amor que receberes, retribuindo em profusão, com bênçãos de misericórdia e o Pai da Vida também te retribuirá, um dia, com bênçãos de glórias na Vida Eterna.

Se a felicidade chegar

Em tudo dai graças.
Paulo (Tessalonicenses, 5:18)

QUANTO SONHASTE PELAS veredas da vida! Quanto esperaste que a felicidade te buscasse um dia! No entanto, o que recebeste foi tão somente a desilusão.

Entretanto, não te desesperes! Procura entender que a felicidade não é um prêmio a receber. É sim, uma conquista interior, pela aceitação serena do que a vida esteja a exigir de ti.

Esperavas encontrar a felicidade, como algo que viesse de fora para alegrar o teu coração. Sim, é de fora, mas através dos resultados das boas ações que vieres a praticar.

A felicidade encontrarás, por certo, no sorriso da criança abandonada que envolveres com amor, nos olhos tristes a brilhar pelas lágrimas de gratidão, pelo bem que fizeres por alguém que antes chorava.

A felicidade, enfim, encontrarás nas dores que conseguires aliviar, nos alimentos que puderes ofertar aos que têm o estômago vazio a doer de fome, nas mãos que estenderes para soerguer os caídos da vida, no perdão incondicional pelas ofensas recebidas.

Se a felicidade chegar, não te julgues merecedor das benesses celestiais. Será sim, por misericórdia desse Pai amoroso que se condoeu de ti, das tuas fraquezas e imperfeições.

Mas, se a felicidade chegar, que saibas elevar os teus olhos ao eterno Pai, numa prece de gratidão por Aquele que te proporcionou a vida e a oportunidade de servir.

Se a tristeza vier

Mas a vossa tristeza se converterá em alegria.
Jesus (João, 16:20)

SE A TRISTEZA vier para tomar conta do teu ser, procura afastá-la com todas as forças da tua alma, a fim de que consigas retornar à serenidade de sempre.

Busca analisar os motivos que te levaram a essa tristeza profunda, que te fez perder até mesmo a vontade de viver.

Não te entregues a ela, esforçando-te por transformar a melancolia que te envolve, com pensamentos positivos e a certeza de que ninguém neste mundo se encontra, assim, tão desamparado por Deus.

Se Deus é Amor, como disse João, o Apóstolo de Jesus, faze com que esse amor divino chegue ao teu coração, pela aceitação serena de tudo o que estejas passando, como necessidades para que, interiormente, consigas crescer.

A vida é bela, mas é preciso que tenhas olhos de ver o que Deus a todos oferece, através do esplendor da Natureza que palpita ao teu redor. Mas, se te fizeres cego para tais belezas, tudo enxergarás como uma negritude sem fim.

Esforça-te, a cada dia, por rebater os pensamentos negativos, através das orações espontâneas que conseguires proferir. Conversa com Deus, mas, se achares difícil, conversa com Jesus ou com algum santo da tua devoção. E, se ainda assim, não conseguires te expressar com clareza, conversa com o teu anjo guardião, com quem, talvez tenhas mais afinidade. Ele é e será o teu guia, para que transites pela vida, sempre por rumos certos.

Aprende a olhar, não os que já conseguiram alcançar um pouco de felicidade, mas sim, os que estão em situações mais lastimáveis que a tua e perceberás que és muito mais feliz, do que imaginavas ser.

Ser feliz é uma escolha

Aprendi a contentar-me com o que tenho.
Paulo (Filipenses, 2:11)

QUANTAS VEZES PEDIMOS a Deus que nos dê felicidade, mas continuamos a mergulhar nas tristezas contundentes que nós mesmos criamos diante das dificuldades ou dos problemas naturais da vida. Tudo é questão de escolha.

Entre a alegria e a tristeza, escolhe ser feliz. Mas, para que isso realmente aconteça, basta que tenhas aceitação do que a vida te oferece para o teu crescimento interior.

A revolta diante das contrariedades que surgem, o desespero perante os acontecimentos desagradáveis que estejam a envolver tua vida, a falta de compreensão do que seja para o teu bem e que te levam a uma atitude de revolta, é que afastam de ti a felicidade que tanto almejas encontrar.

A humildade, os sentimentos sinceros de amor ao próximo, a prática da caridade desinteressada, são caminhos que, se escolheres, te levarão à conquista da felicidade.

Mesmo que os teus sonhos de grandeza venham a se esvair diante das derrotas que encontrares em teu caminhar terreno, derrubando as tuas melhores aspirações, olha tudo com a compreensão de que foram para que crescesses interiormente.

Mesmo que as dificuldades financeiras te impeçam de usufruir de alguns prazeres da vida, não te revoltes e procura encarar com paciência e aceitação, o que fizeste por merecer, pois já sabes que colhemos da vida o que, um dia, tenhamos semeado, mesmo que se faça distante.

Abençoa assim, todas as dificuldades e os tormentos por que tiveres de passar, com a compreensão de que são para o teu bem. Vive com simplicidade e aceita com coragem e fé, as piores derrotas que a vida te leve a enfrentar, pois tudo o que te acontece na vida, mesmo que no momento não consigas entender, são sempre para que consigas evoluir um pouco mais. Portanto, apesar de tudo o que te parece que irá te levar à dor, escolhe ser feliz. E haverás de ser!

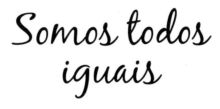

Somos todos iguais

Se alguém me ama, guardará a minha palavra, e meu Pai o amará, e viremos para Ele, e faremos n'Ele morada.
Jesus (João, 14:23)

COMO FILHOS DE Deus, devemos nos amar e amparar mutuamente, independentemente de nacionalidade, casta, cor, situação financeira ou religião.

Geralmente, porém, os diferentes de nós são discriminados, pois o orgulho nos leva a considerarmo-nos melhores e mais importantes que os outros. Entretanto, Deus não faz diferença entre Seus filhos.

A todos Deus dá oportunidades para que cresçam interiormente. Nessas oportunidades surgem ocasiões em que cruzamos com pessoas diferentes; diferentes na aparência, nos costumes e que falam línguas distintas da nossa.

Essas diferenças, porém, são apenas aparentes, porque, na realidade, todos somos feitos da mesma matéria perecível; nossos órgãos são os mesmos, as funções motoras que executam são as mesmas; temos fome, temos sede, sentimos calor e frio, sentimos dor, tristeza e alegria. Todos nascemos e morremos. Na realidade, somos iguais em tudo.

Sabemos amar e odiar, falamos, andamos, dormimos, temos um cérebro que pensa e um coração que pulsa. É o orgulho de que ainda não nos libertamos, que nos leva a julgar que somos melhores que outros.

O preconceito para com os que julgamos diferentes, ainda faz parte das nossas imperfeições. Aquele que busca trazer os ensinamentos de Jesus para a própria vida, deve se esforçar por libertar-se dessa imperfeição que denigre a nossa alma e impede de nos aproximarmos de Deus.

Amemo-nos uns aos outros, como ensinou Jesus, anulando quaisquer supostas diferenças que julgarmos existir entre nós. Só assim cresceremos e estaremos contribuindo para um mundo melhor.

Sonhos acalentados

*Se sabeis estas coisas,
bem-aventurados sereis se as fizerdes.*

Jesus (João, 13:17)

QUANDO A ESPERANÇA fenece e os melhores sonhos caem por terra, não desanimes jamais! Aproveita a oportunidade para fazer uma análise interior, a fim de verificar se, realmente, os sonhos acalentados há tanto tempo, haveriam de trazer-te felicidade.

Quantas vezes sonhamos com algo que aspiramos conquistar, mas quando conseguimos que esses sonhos se tornem realidade, acabamos por compreender, que seria melhor não terem acontecido.

Todos nós, numa certa época da vida, mormente na juventude, acalentamos sonhos motivados pelo romantismo ou pelo desejo de alcançar um momento de glória.

O sonho incentiva as pessoas em sua caminhada evolutiva, a prosseguirem na luta que empreendem pela busca de algo que os faça felizes. Contudo, é necessário que esses sonhos sejam o resultado de muito esforço, de um labutar contínuo pela sua conquista.

Sonhar faz com que a vida se torne mais leve, apesar das dificuldades encontradas, mas ninguém vive só de sonhos. A realidade, às vezes, é dura; entretanto, é com os pés no chão que os mais belos sonhos conseguem ser realizados.

Se ainda não compreendeste que os sonhos nem sempre podem ser alcançados, é hora de olhar à tua volta para que percebas a realidade da vida, que exige de todos nós um trabalho constante e uma força crescente no despojar das próprias imperfeições.

A fé e a confiança no auxílio do Alto aumentarão essa força, para que consigas não recuar diante das dificuldades que surjam.

Lutando, esforçando-te cada vez mais na busca de conhecimentos, que são portas que se abrirão para dar-te passagem, farás com que os teus sonhos não mais sejam uma vaga esperança, mas uma certeza comprovada pela própria vida que vieres a desfrutar.

Sonhar sim, mas sem recuar diante da primeira desilusão que surja. Só assim, atingirás os teus objetivos para uma vida mais feliz.

Porém, jamais te esqueças de que, as grandes conquistas alcançadas, são também um acréscimo de responsabilidades que deverás assumir.

Tempo de alegria

Também nos gloriamos nas tribulações.
Paulo (Romanos, 5:3)

QUANDO A ALEGRIA envolve o teu coração pela certeza de alcançar os teus objetivos na vida, quando tens a consciência em paz, quando sentes vontade de cantar e que tudo te leva a sorrir, lembra-te de agradecer a Deus pelas bênçãos que estejas recebendo.

Tempo de alegria não é apenas de satisfação pelas bênçãos alcançadas. É o momento de lembrar daqueles que ainda vivem mergulhados em sofrimentos atrozes, procurando fazer por eles tudo o que estiver ao teu alcance.

É tempo de esquecer o passado de dores e preocupações que atravessaste, fazendo desse tempo feliz de agora, oportunidade de levar felicidade aos que ainda vivem aprisionados à dor.

É tempo de dar tudo de si para conseguires transformar o sofrimento alheio numa esperança de que dias melhores haverão de surgir, de substituir as lágrimas daqueles que choram, em sorrisos de gratidão.

Sentir-te-ás reconfortado pela oportunidade que tiveste de poder servir em nome de Jesus. E, o tempo de servir mais vezes surgirá, desde que não esqueças as bênçãos que recebeste, guardando para sempre, no coração, um sentimento de gratidão e, todo o bem que fizeres redundará em novas bênçãos a envolver tua vida de paz, de novas e gratificantes alegrias.

Enfim, tempo de alegria é saber reconhecer que Deus te ama e que Jesus está a amparar a tua caminhada, através da intercessão de espíritos abnegados que sempre estão a velar por ti, mesmo nas maiores tribulações que estejas enfrentando.

Vence a ti mesmo

Que a luz veio ao mundo, e os homens amaram mais as trevas do que a luz, porque as suas obras eram más.
Jesus (João, 3:19)

QUANTAS E QUANTAS vezes tens tentado alcançar sucesso nos teus empreendimentos, mas sempre acabas por fracassar. Contudo, apegado aos teus desejos de vencer a qualquer custo, não percebes que algo precisas modificar.

Apegado ao teu desejo de obter sucesso imediato, acreditando ser o melhor naquilo que fazes, te deixas envolver pela vaidade e pelo orgulho e não percebes que ainda muito te falta aprender.

Se analisares cada ato que praticas, perceberás que algum erro estás cometendo. É a vaidade que te impede de avançar. É o orgulho que te leva a enxergar os erros alheios, mas não percebes os teus.

Enquanto te deixares dominar por tais sentimentos, serás sempre um fracassado. Buscando a humildade em reconhecer que ainda muito distante estás de atingir a perfeição naquilo que fazes, compreenderás que ainda muito tens a aprender.

Não percebes que as causas do erro estão dentro de ti mesmo, pois te falta humildade para isso reconhecer.

Já experimentaste orar? Já buscaste Jesus como teu mestre? Já te esforçaste por evitar críticas às obras alheias? Ainda não conseguiste perceber que são melhores que as tuas? A inveja já eliminaste das tuas imperfeições? Não te creias isento de errar! Todos erram, mas não precisas criticar. Que os erros alheios possam servir-te de lições.

Feita uma análise interior, compreenderás o quão distante ainda estás de alcançar um grau superior de evolução. Modifica tuas atitudes para melhor, combate as tuas imperfeições, enfim, vence a ti mesmo. Só então, te tornarás um vencedor!

Vigilância sempre

*Porque aquilo que o homem semear,
isso também colherá.*
Paulo (Gálatas, 6:7)

*Três atitudes a serem tomadas:
Vigilância nas palavras.
Vigilância nos pensamentos.
Vigilância nos sentimentos.*

NAS PALAVRAS, MUITO cuidado com o que dizes. Uma palavra mal colocada pode destruir uma amizade de muitos anos.

Muito cuidado com o que pensas. Por aquilo que pensares estarás plasmando coisas que deverias evitar.

Muito cuidado com o que sentes. O que sentires receberás de retorno, seja para o bem ou apenas para o mal.

Vigilância sempre nas atitudes que tomares diante da vida que usufruis. Serão estas que haverão de traçar o teu futuro, seja de muito sofrimento ou enriquecido de bênçãos indispensáveis a um bem viver aqui na Terra.

Vigia a ti mesmo, eliminando de tua mente e do teu coração toda maldade que ainda trouxeres em ti, e que podem ser comparadas a ervas daninhas que deverão ser extirpadas.

Só assim conseguirás prosseguir em tua caminhada terrena, em busca da felicidade tão almejada por todos nós.

Viver em paz

Busque a paz e siga-a.
Pedro (II Pedro, 3:11)

VIVER EM PAZ ou em conturbações constantes, é uma escolha de cada um, uma construção interior. Viver em paz é uma decisão de não se deixar envolver pelos aborrecimentos da vida.

Mesmo que tudo à tua volta seja conturbação e desespero, que saibas buscar o próprio equilíbrio, sem permitir que as agressões ou as lágrimas alheias transformem o teu viver em constantes aflições.

Para aquele que tem fé, não é difícil viver em paz, pois compreende que, haja o que houver, a proteção do Alto não haverá de lhe faltar.

Já aquele que se irrita por qualquer coisa, naturalmente os acontecimentos desagradáveis, haverão de lhe trazer aborrecimentos e revolta. A não aceitação dos revezes da vida, denota falta de fé.

Diante das dificuldades ou das situações constrangedoras que surgem, a falta de confiança em si mesmo, nas próprias forças interiores, não permitem que se viva em paz.

Volve o teu olhar para as forças da Natureza que se renova após as calamidades que surjam, e procura mirar-te em tais exemplos para que consigas vencer os teus temores, sabendo que não estás desamparado e que tudo o que te venha a acontecer, será para o teu crescimento interior.

Portanto, afasta de ti qualquer negativismo, procurando a cada dia que passa, conservar-te sereno, acreditando que tudo são nuvens passageiras e que o Sol voltará a iluminar os teus dias. Só assim, conseguirás viver em paz.

Viver por amor

Vê, pois, que a luz em ti não seja trevas.
Jesus (Lucas, 11:35)

NAVEGANDO PELOS MARES bravios da vida, eis o homem a ressurgir de um passado pecaminoso, para reconstruir uma caminhada voltada para a busca de sua elevação espiritual.

Vencendo as intempéries que possam surgir, lutando e se esforçando por não mais errar, chegará um dia ao final de sua jornada, na certeza de ser um vencedor de si mesmo, pela superação de suas fraquezas e imperfeições. Isso é viver por amor, amor a Deus, amor a si mesmo e amor ao próximo.

Aquele que ama verdadeiramente, sabe perdoar e esquecer as ofensas recebidas e jamais, em tempo algum, cometerá atos de violência ou de desprezo perante os que tentem agredi-lo de alguma forma.

Não mais o ódio, não mais a mágoa, não mais sentimentos negativos carregará em si e sim, tão somente sentimentos elevados que lhe permitam enxergar o próximo como um irmão muito querido a quem deverá respeitar e ajudar, caso seja necessário.

Contudo, nenhuma fraqueza é vencida sem esforço e boa vontade, nenhum sentimento de orgulho terá guarida em sua alma, deixando-a livre para o amor incondicional, para que possa agir na vida, como Jesus agiria, vencendo as tormentas, sem submergir nas águas turvas da dor. Tão somente a luz do amor brilhará em sua alma.

VOCÊ PRECISA CONHECER

O veterinário de Deus
Diversos autores
Contos • 14x21 cm • 152 páginas

Reunindo alguns de seus maiores autores – Donizète Pinheiro, Ricardo Orestes Forni, Zélia Carneiro Baruffi, Lúcia Cominatto, Rubens Toledo, Dauny Fritsch e Isabel Scoqui – a **Editora EME** resgata o gênero literário que mais atrai leitores no mundo inteiro, de todas as idades: os contos.

Fome de quê?
Marcelo Teixeira (organizador)
Estudo • 14x21 cm • 184 páginas

Em um mundo em que há famintos de toda ordem, o pesquisador espírita, conhecedor de tantas verdades imorredouras, sabe muito bem que é preciso sair em marcha para que as fomes de todos sejam saciadas. Só assim compreenderemos o que é caminhar pelas alamedas e avenidas de uma sociedade que se regenerou porque todos os elementos que nela vivem estão satisfeitos em suas necessidades materiais e espirituais.

Entre a fé e a razão - o amor
Rubens Molinari
Estudo • 14x21 cm • 192 pp.

O espiritismo trouxe-nos novas verdades espirituais, reavivando os ensinos de Jesus.

Com *Entre a fé e a razão – o amor*, Rubens Molinari comprova que o estudo doutrinário nos oferece plena liberdade moral de forma a nos amarmos mutuamente, com toda a caridade e dentro da perfeita justiça do Pai.

VOCÊ PRECISA CONHECER

Peça e receba – o Universo conspira a seu favor
José Lázaro Boberg
Estudo • 16x22,5 cm • 248 páginas

José Lázaro Boberg reflete sobre a força do pensamento, com base nos estudos desenvolvidos pelos físicos quânticos, que trouxeram um volume extraordinário de ensinamentos a respeito da capacidade que cada ser tem de construir sua própria vida, amparando-se nas Leis do Universo.

A vingança do judeu
Vera Kryzhanovskaia / J. W. Rochester (espírito)
Romance mediúnico • 16x22,5 cm • 424 páginas

O clássico romance de Rochester agora pela EME, com nova tradução, retrata em cativante história de amor e ódio, os terríveis fatos causados pelos preconceitos de raça, classe social e fortuna e mostra ao leitor a influência benéfica exercida pelo espiritismo sobre a sociedade.

Getúlio Vargas em dois mundos
Wanda A. Canutti / Eça de Queirós (espírito)
Romance mediúnico • 16x22,5 cm • 344 páginas

Getúlio Vargas realmente suicidou-se? Como foi sua recepção no mundo espiritual? Qual o conteúdo da nova carta à nação, escrita após sua desencarnação? Saiba as respostas para estas e outras perguntas, agora em uma nova edição, com nova capa, novo formato e novo projeto gráfico.

Não encontrando os livros da EME na livraria de sua preferência, solicite o endereço de nosso distribuidor mais próximo de você através de
Fones: (19) 3491-7000 / 3491-5449
(claro) 99317-2800 (vivo) 99983-2575 🟢
E-mail: vendas@editoraeme.com.br – Site: www.editoraeme.com.br